HEYNE<

Der Autor

Ajahn Sumano Bhikkhu stammt aus Chicago. Mit 29 Jahren verließ er sein Heimatland und meditierte mehrere Jahre in einer Höhle in Thailand. Als erster westlicher Mensch ließ er sich vom weltberühmten Meditationsmeister Ajahn Chah als buddhistischer Mönch ordinieren. Noch heute lebt er abgeschieden in einem thailändischen Waldkloster.

AJAHN SUMANO BHIKKHU

Auch du kannst meditieren

Schritt für Schritt zu Klarheit,
Gelassenheit und innerer Stärke

Aus dem Englischen
von Jochen Lehner

WILHELM HEYNE VERLAG
MÜNCHEN

Verlagsgruppe Random House FSC-DEU-0100
Das für dieses Buch verwendete FSC-zertifizierte
Papier Holmen Book Cream
liefert Holmen Paper, Hallstavik, Schweden

Deutsche Erstausgabe 01/2013

Printed in Germany 2013
Umschlaggestaltung: Guter Punkt, München
Umschlagmotiv: © Hemera / thinkstock
Herstellung: Helga Schörnig
Druck und Bindung: GGP Media GmbH, Pößneck
ISBN 978-3-453-70217-2

http://www.heyne.de

Inhalt

Einleitung

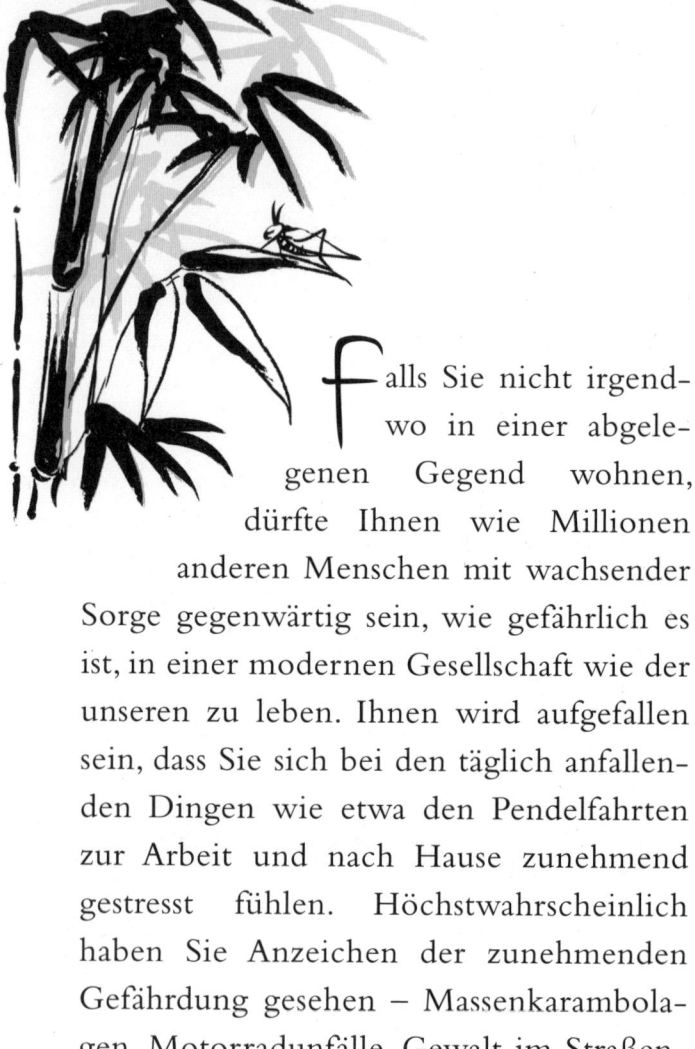

Falls Sie nicht irgendwo in einer abgelegenen Gegend wohnen, dürfte Ihnen wie Millionen anderen Menschen mit wachsender Sorge gegenwärtig sein, wie gefährlich es ist, in einer modernen Gesellschaft wie der unseren zu leben. Ihnen wird aufgefallen sein, dass Sie sich bei den täglich anfallenden Dingen wie etwa den Pendelfahrten zur Arbeit und nach Hause zunehmend gestresst fühlen. Höchstwahrscheinlich haben Sie Anzeichen der zunehmenden Gefährdung gesehen – Massenkarambolagen, Motorradunfälle, Gewalt im Straßenverkehr, Verfolgungsjagden der Polizei,

Vandalismus, Unfälle am Bau und Kalamitäten jeder Art. Leider sind dergleichen Dinge in jeder Großstadt zum Alltag geworden. Unser persönliches Risiko freilich können wir meist mit ein wenig Klugheit und Achtsamkeit relativ gering halten.

Es gibt jedoch eine weitaus größere, eine wirklich unheimliche Bedrohung, die nicht durch unsere physische Umwelt gegeben ist. Ihre Zerstörungskraft können wir uns kaum vorstellen, weil einfach nicht direkt zu sehen ist, worin ihr schädliches Potenzial für uns liegt. In gewissem Sinne ist unsere Lebenswelt – das Wohnumfeld, der Arbeitsplatz, örtliche Einrichtungen und Betriebe, Schulen und so weiter – ein Schlachtfeld der Herrschaft über unser Denken geworden.

Wer sich nicht durch klares Urteilsvermögen zu schützen vermag, kann allerlei mentalen und psychologischen Übergriffen zum Opfer fallen. Sie kommen aus der Außenwelt, etwa von Nachbarn, Chefs, Lehrern und den Medien, aber auch von innen in der Gestalt eines vom Ego ausgeübten Drucks, der mit der Zeit unsere Widerstandskraft schwächt. Schneller, als uns lieb sein kann, haben wir dann arglos und ohne allzu viel Gegenwehr unser kostbarstes Gut aufgegeben, die Herrschaft über unser eigenes Denken und Fühlen.

Aber wir können uns an dem Gedanken aufrichten, dass das Leben weitergeht und sich ständig ändert und jeder Augenblick eine Wende für uns bringen kann. Dieser Augenblick eben jetzt zum Beispiel. Sie lesen gerade dieses Buch, und weshalb sollte das nicht Ihr »Glücksgriff« sein? Etwas gab Ihnen ein, zu diesem Buch zu greifen, und das alles bringt nicht nur einen gewaltigen Vorteil für Sie mit sich, sondern es ist ein »Verbündeter«, der Sie zu weiteren für Ihr seelisches und spirituelles

Leben entscheidend wichtigen Erkenntnissen führen wird.

Sie werden hier alles erfahren, was Sie je brauchen könnten, um Ihren Geist wach, sprühend lebendig, beweglich und stark zu machen – vor allem aber, um wachsam gegenüber allem zu sein, was über den Verstand oder die Psyche auf Sie eindringt und Ihre Aufmerksamkeit binden möchte. Was ich Ihnen hier mitteile, ist einfach und praktikabel, wenn auch nicht unbedingt leicht umzusetzen. Aber bleiben Sie beharrlich dabei, und Sie dürfen mit tief greifenden Wirkungen rechnen. Es ist wie bei allem, was den Aufwand lohnt: Aufrichtiger und entschlossener Einsatz ist eine Triebkraft, die einen klaren Geist schafft und das Füllhorn seiner Möglichkeiten öffnet.

Die in diesem Buch vorgestellte Technik zum Aufbau von Aufmerksamkeit und Klarheit kann für Menschen aller Altersstufen und Lebensformen von Nutzen sein, ganz besonders aber für Büroangestellte, Beschäftigte in der Sparte Informationstechnologie, Taxifahrer, Lehrer, Schüler und Studenten, Straßenverkäufer, Waschanlagen- oder Fluglinienpersonal und sogar für Popcornverkäufer im Kino. Überall spielen die gleichen Grundprinzipien eine Rolle, ob Sie an einer Geschäftsbesprechung teilnehmen, die Oberschule oder ein Hochschulseminar besuchen, Mittagessen kochen oder Yogaunterricht nehmen. Der Geist ändert sich mit den Situationen, aber sein Wesen ist überall dasselbe.

Der geklärte Geist kann bessere Entscheidungen treffen. Wir wissen aus Erfahrung, dass unsere Entscheidungen von beträchtlicher Auswirkung auf unser Leben sein können. Von ihnen hängt ab, was wir tun, wo wir arbeiten, mit wem wir leben und so weiter. Unsere Entscheidungen sollten im Einklang mit unserem Karma, unserer Persönlichkeit und unseren Lebensumständen sein. Und wir sollten nicht zulassen, dass unser persönliches Empfinden und unsere Intelligenz allzu sehr unter den Einfluss von impulsiven und unbedachten Hoffnungen und Träumen geraten. Unser Leben kann fest in der Realität verankert sein und muss nicht irgendwelchen Filmvorlagen folgen oder sich an gut gemeinten Ratschlägen orientieren, auf die wir in irgendeiner Zeitschrift stoßen.

Was Sie hier lernen, wird in Ihnen den Wunsch wecken, den Geist – also das, was Sie sind – besser zu verstehen. Und mit wachsendem Verständnis wird sich die spirituelle Seite Ihres Lebens organisch entwickeln. Mit diesen Techniken als Grundlage sind Sie gerüstet, sich eine unterscheidende Weisheit anzueignen, die Ihnen zu etlichen wichtigen Schlussfolgerungen verhelfen wird:

– Sie werden zwischen bloß Gelerntem und von Weisheit Getragenem zu unterscheiden lernen.

– Sie werden den Unterschied zwischen »gut« und »angemessen« erkennen. Mit »gut« spreche ich hier die von allen Religionen ausgesprochenen Gebote und Verbote an – etwa nicht zu töten, nicht zu stehlen und keine Unzucht zu treiben –, meine jedoch auch die Werte und Tabus einer Kultur oder Gesellschaft. Und schließlich ist mit »gut« auch die positive oder negative Lebenserfahrung eines Menschen angesprochen. Unsere Vorstellung von gut ist mit anderen Worten durch die Vergangenheit bestimmt, während »angemessen« immer nur auf den Moment bezogen sein kann. Angemessen ist das, was *jetzt* zu geschehen hat. Das Handeln entspringt reinem Augenblicksbewusstsein, und das ist etwas ganz anderes als von Erinnerungen oder vom Streben nach Glück und Leidfreiheit geprägtes Handeln. Wenn eine Mutter ein Auto anhebt, um ihr Kind bergen zu können, geschieht das einzig aus der Angemessenheit im Augenblick; alles Gelernte würde ihr hier nichts nützen, sondern sie allenfalls zögern lassen und ihre Angst vergrößern.

– Sie werden zwischen Fühlen und Denken unterscheiden können und herausfinden, wo die beiden entspringen.

– Sie werden die verschiedenen Aspekte des Geistes für sich zu betrachten lernen: das Bewusstsein und seine Objekte, eine gute Geistesverfassung und eine schlechte.

– Sie werden den Unterschied zwischen Konzentration oder *Samadhi* und Einsicht oder *Vipassana* erkennen, aber auch

den Unterschied zwischen oberfläch-
lichem weltlichem Glück und tiefem,
schrankenlosem Glück.

Ein offener und starker Geist ist entscheidend und wichtig für unser Leben. Mit
dem, was Sie beim Meditieren lernen,
werden Sie die wechselnden Bedingungen
unseres täglichen Lebens einzuschätzen
lernen – klar, aber mit gelassenem, nüch-
ternem und mitfühlendem Herzen.

Die beiden
Bewusstseinsebenen

Im Allgemeinen gehen wir davon aus, dass es nur *ein* Bewusstsein gibt, nämlich das, in dem wir uns selbst befinden und von dem aus wir agieren. Tatsächlich gibt es zwei deutlich verschiedene Formen von Bewusstsein, nämlich gewöhnliches und außergewöhnliches Bewusstsein. Mit der ersten Form meine ich unsere alltägliche und oberflächliche Sicht der Welt, nach der wir auch meist handeln. Die zweite Form geht über die Reichweite unseres gewöhnlichen Verstands hinaus und ist in Worten nicht zu erfassen. Wir können uns jedoch durch direkte Erfahrung selbst ein Bild von ihr machen. Nennen wir diesen zweiten Bewusstseinszustand einfach »das, was ist«.

Wir werden uns beide Bewusstseinsebenen ansehen, damit wir uns mit ihrer Funktionsweise auskennen und letztlich auch lernen, wie wir mit diesem Wissen unser Leben verbessern können.

Zunächst einmal müssen wir wissen, dass unser Alltagsbewusstsein unter dem Einfluss des »Ego-Ich« nicht viel mehr im Sinn hat als unser Überleben und unsere Bequemlichkeit. Es ist deshalb ständig von Ängsten besetzt – vor allem von der Angst, seine Herrschaft über unser Denken zu verlieren. Um diese Position auszubauen und zu sichern, beschwört es allerlei Szenen herauf, mit denen es unsere Sinne bearbeitet, um uns für seine Vorhaben zu gewinnen. Dieser gewöhnliche Geist nutzt ganz schlau unsere erfreulichen Erinnerungen und baut daraus Zukunftsfantasien, die jedoch lediglich aus bereits gelebten Gefühlen und abgelaufenen Ereignissen bestehen.

Wenn wir unter dem Einfluss dieses vom Ego-Ich beherrschten Geistes agieren, haben wir keinen Zugang zur Ganzheit des alles umfassenden Bildes und befinden uns fern der Wahrheit. Eigentlich agieren wir dann in einer Welt des Wahns, in der es um bloße Annahmen geht, in der wir Hoffnungen projizieren, die mit unserer gegenwärtigen Realität überhaupt nichts zu tun haben. Als Bild für diese absonderliche Verfassung kann vielleicht der Bildschirmschoner unseres Computers dienen. Der schöne Schein, mit dem wir das Display dekorieren, kann sehr real wirken, ist jedoch nicht wirklich »live« mit irgendeiner Realität verbunden. Er ist wie eine lebensechte Maske. Trotzdem bilden wir uns immer wieder ein, wir hätten etwas Reales vor uns.

Das Leben hat seine ironischen Wendungen, und eine besteht darin, dass wir unsere natürliche Intelligenz umso mehr vergessen, je mehr Zeit wir mit Bildung verbringen, sei es Hochschulbildung oder Berufsbildung. Es ist eine Erziehung durch unser soziales Umfeld – Eltern, Verwandte, Lehrer, Politiker, Prominenz und so weiter –, die immer wieder dem alten Mythos zuarbeitet, dass die Natur nur ihre Auserwählten mit klugen Köpfen ausstattet. Und so spulen wir dieses Leben ab, ohne je unseren inneren Glanz zu spüren, ohne je Zutrauen zu unseren natürlichen Fähigkeiten zu fassen. Kein Wunder, dass wir uns den Herausforderungen des Lebens oft nicht gewachsen fühlen, sondern meinen, sie gingen weit über unsere Kräfte. Wenn wir an unseren Lebensbedingungen etwas ändern möchten, sollten wir uns vor Augen halten, dass wir »Miteigentümer« eines unendlichen Weisheits- und Wissensschatzes sind und deshalb mehr erreichen können, als wir auch nur zu träumen gewagt hätten. Es liegt in unserer menschlichen Natur, dass wir Zugang zum Reich des Göttlichen haben. Nehmen Sie sich einen Moment Zeit, um in die Tiefe dieses Gedankens abzutauchen.

Niemand hat mehr oder weniger Zugang zum Mutter-Ursprung oder universalen Geist als irgendein anderer. Wenn wir uns umsehen und die Verschiedenheit der Menschenleben wahrnehmen, kommen uns sicher Zweifel an diesem Gedanken. Wir fragen uns, inwiefern ein unglückseliger Bettler in seiner Notbehausung aus Pappkartons etwas mit Ihnen oder mir oder Bill Gates zu tun haben mag. Aber »wir sind alle eins« ist nicht lediglich ein esoterischer Slogan. Es handelt sich um eine Faktenaussage, einfach weil wir alle mit dem universalen Geist verbunden sind. Und diese Verbindung ist unabhängig von allem, was wir tun oder nicht tun. Materieller Erfolg ist kein Hinweis auf einen größeren Anteil an der universalen Kraftquelle. Die göttliche Verbindung, die ich meine, ist ausnahmslos jedem von uns gegeben, sobald wir in dieses menschliche Leben eintreten.

Wie reagieren wir, wenn wir erfahren, dass wir soeben Erbe eines beträchtlichen Vermögens geworden sind? Diese plötzliche finanzielle Unabhängigkeit wird uns doch sicher selbstbewusster machen, wir können uns entspannen, das Leben eröffnet uns begeisternde neue Ausblicke. So ähnlich ist auch unsere Verbundenheit mit dem göttlichen Bewusstsein: wie ein unerschöpfliches Bankkonto. Und so unglaublich es klingen mag, wir können uns jederzeit dazu entschließen, diesen Reichtum in Anspruch zu nehmen und uns damit ein schöneres Leben zu schaffen. Können Sie sich *noch* bessere Neuigkeiten denken? Erinnern wir uns also immer wieder an unser unglaubliches Erbe. Überfluss steht für uns bereit und wartet nur darauf, dass wir ihn nutzen. Dieses Buch möchte Ihnen zeigen, wie man den Tresor dieses unermesslichen Reichtums entriegelt.

Zunächst müssen wir jedoch unsere Beziehung zum universalen Geist verstehen. Ich werde mich so anschaulich wie möglich ausdrücken, um Ihnen eine Vorstellung vom profunden Geist und seinem Wesen zu geben. Wir sprechen, so könnte man sagen, vom »Geist hinter dem Geist« oder dem »anderen Geist«, vom Ursprungsbewusstsein oder Mutter-Geist.

Ich will Sie auch gleich auf die Grenzen hinweisen, die unser Versuch, vom Geist und seinen Inhalten zu sprechen, zwangsläufig hat. Wir stehen vor dem Problem, etwas Undefinierbares definieren zu wollen. Wir müssen dabei auf ein begrenztes Vokabular zurückgreifen – die Wörter der normalen Sprache sind unsere einzigen Werkzeuge. Seien wir uns dabei immer bewusst, dass Wörter wie »Ecke« oder »oben« und alle anderen beschreibenden Ausdrücke, die sich auf die Dimensionen der Außenwelt beziehen, in diesem Fall nicht auf die physische Realität hindeuten. Der Geist ist nicht von physischer Natur.

Etwas über den universalen Geist zu sagen, das ist ungefähr so, als fragte man das Auge, wie es sich selbst sieht. Es ist eine methodische Schwierigkeit, weil einfach hinter diesem Geist nichts mehr ist, was ihn distanziert betrachten könnte: Er kann nicht betrachtet werden, weil er selbst der Betrachter ist. Er ist alles und zugleich nichts. Letzten Endes können wir nur sagen, dass der universale Geist keine Zustände hat, weil er alle überhaupt möglichen Zustände *ist*. Er ist der Quell des Lebens, der Ursprung der Wirklichkeit.

So können wir also in Worten nicht ausdrücken, was universaler Geist ist, aber wir können etwas unvergleichlich Besseres, wir können dieser Geist *sein*. Wir können in ihm aufgehen, wenn wir uns über das Alltagsbewusstsein hinwegsetzen. Die Annäherung liegt darin, dass wir präsent sind, hier und jetzt.

Nur in diesem weiteren geistigen Raum können wir auch ganz in unserem Leben sein, bereit und gerüstet für die Auseinandersetzung mit den gewaltigen äußeren Problemen, die sich ringsum bedrohlich türmen. Es sind erschreckende und komplexe Probleme – die Kriege, die Wirtschaftskrisen, der Klimawandel –, die nach kreativen und gerechten Lösungen rufen. Es werden noch mehr werden, während das einundzwanzigste Jahrhundert seinen Lauf nimmt. Unser kleiner diesseitiger Geist ist mit solchen Aufgaben völlig überfordert. Alle Bemühungen, Probleme dieser Größenordnung mit unserem beschränkten Verstand zu lösen, sind ungefähr

so, als wollte sich eine Ameise ein Gesamtbild von einem Elefanten machen. Es ist
von vornherein aussichtslos und wird nur
Enttäuschungen, Ratlosigkeit, Fehlschläge
und Chaos mit sich bringen. Unser kleiner und vor allem an sich selbst interessierter Geist kann vor all den Problemen
dieses Ausmaßes nur kapitulieren. Er sieht
nicht, wie die Ereignisse unseres individu-
ellen Lebens mit den Weltereignissen ver-
zahnt sind, und so zieht er sich instinktiv
von allem zurück, was ganz offensichtlich
sowieso nicht im Rahmen seiner Möglichkeiten liegt.

Wenn uns jedoch die Annäherung an
den universalen Geist gelingt, treten wir in
einen Raum ein, der unser jetzt aktives und
nutzbares Bewusstsein um ein Vielfaches
erweitert. Und nur hier haben wir den un-
getrübten Blick, der uns erlaubt, mit kom-
plexen Problemen und Herausforderungen
umzugehen.

Der universale Geist ist nicht mit unserem gewöhnlichen Geist zu vergleichen, der, was seine Ideen und Assoziationen angeht, nur auf die Erinnerungen der persönlichen Erfahrung zurückgreifen kann. Grenzenlose Weite ist nur einer der Wesenszüge des universalen Geistes, die alle darauf beruhen, dass wir uns hier am Ursprung der Welt und unseres Lebens befinden. Wenn wir für dieses höhere Bewusstsein und universale Gesamtbild aufgeschlossen werden, wird unser gewöhnlicher Geist immer noch mit den Dingen des Alltags beschäftigt sein, während wir gleichzeitig von alldem nicht berührt werden – wir stehen darüber.

Auf eine nicht näher zu bestimmende Weise schließt der universale Geist den gewöhnlichen Geist ein und vermag auch ihm Raum zu bieten. Diese beiden »Funktionsweisen« des Geistes sind zwar von Anfang an verbunden, doch Ablenkungen,

Sorgen, Geistesabwesenheit und Trägheit haben dafür gesorgt, dass er weitgehend unbemerkt oder unbeachtet blieb. Unsere zerrissene Alltagswelt wird von der Zeit beherrscht, aber den universalen Geist binden die Fesseln der Zeit nicht; er ist auch an kein Ich-Bewusstsein oder an bestimmte Orte gebunden wie wir. Und was noch wichtiger ist: Diese Dimension des Geistes kennt keine Ängste und Befürchtungen. Ein angstfreies Leben, das wäre für uns sicher etwas sehr Erstrebenswertes.

Die Übungen in diesem Buch werden Sie mit den beiden Ebenen des Bewusstseins vertraut machen und Ihnen so ein tieferes Verständnis unseres Menschseins erschließen. Wenn wir einmal gelernt haben, wie wir unseren Geist über das gewohnte Maß hinaus öffnen und unser Bewusstsein so weiten können, dass es mehr als bloß die physische Außenwelt erfasst, werden wir einen Blick für das bekommen, was den

Wert des Lebens ausmacht. Von da an baut sich die Weisheit wie von selbst weiter auf. Und je mehr Weisheit wir erlangen, desto klüger werden wir natürlich auf allen Gebieten.

Innerhalb dieser Entwicklung tritt als Anzeichen der zunehmenden Weisheit ein weitherziger, selbstloser Geist des Mitfühlens hervor. Dieser Geist des Mitfühlens bereichert und nährt unser Herz. Wir werden liebevoller, wir richten weniger Schaden an, wir gelangen intuitiv zu Entscheidungen, die den Menschen und der Umwelt dienen. Von jetzt an setzen wir unsere tiefe Intelligenz so ein, dass wir den Wert dieses Lebens erkennen und unsere Freude daran haben.

Wenn wir uns ein paar Augenblicke der Stille gönnen, um diesen Gedanken zu betrachten, wird sich uns zeigen, wie wir auf die großen Herausforderungen unserer Zeit reagieren müssen, wenn wir in Frieden

unseren Weg in eine gute Zukunft fortset-
zen möchten: nicht bang, nicht angstvoll,
sondern im besten Sinne des Wortes umsichtig, das heißt aus der Perspektive eines
geklärten Geistes.

Der
universale Geist

ühren wir uns
zu Beginn die
menschliche Intelligenz vor Augen. Ist es
nicht höchst erstaunlich und wunderbar,
die Erfahrung von Bewusstsein und Intelligenz zu machen? Intelligenz ist uns etwas
so Selbstverständliches, dass wir sie kaum
noch eigens wahrnehmen – wie auch der
Atem etwas Selbstverständliches ist und wir
uns kaum je bewusst machen, dass Atem Leben bedeutet. Wir können uns darauf verlassen, dass er ohne unser bewusstes Zutun
seinen Lauf nimmt. Wenn etwas uns allzu
vertraut und dadurch selbstverständlich geworden ist, achten wir kaum noch darauf,

mag es noch so wertvoll für uns sein. Wir nehmen es als gegeben und verlassen uns darauf. Diese Tendenz lässt uns manchmal die großartigen Aktivposten übersehen, die uns Menschen zu Gebote stehen. Betrachten wir das noch etwas näher.

Unser Geist erweist sich als außerordentlich findig, wenn es in einem Gewirr von unzähligen Variablen und auf vielen Ebenen zu entscheiden gilt, was Vorrang hat. Er bringt dafür ein Zuordnungssystem mit, das ihm erlaubt, alle sich bietenden Situationen und Gegenstände je nach ihrer Bedeutung für Überleben und Sicherheit in Dringlichkeitsstufen einzuteilen. Eigentlich weist er damit allen Dingen einen Bewusstheitsgrad zu: Was überhaupt nicht dringlich ist, wird erst einmal zwischengelagert und bleibt allenfalls irgendwo »im Hinterkopf«, weitab von allem, worauf jetzt gleich geachtet werden muss. Unser Geist ist ständig darauf eingestellt, auf Krisen oder Notsituationen reagieren zu müssen, immer in Alarmbereitschaft, immer aktionsbereit. Was an Wahrnehmungen nicht von höchster Priorität ist, also nicht in die Kategorie »Bedrohung« einsortiert wird, landet automatisch im Fach »kann warten« und wird dort einer von etlichen Dringlichkeitsstufen zugeordnet.

Nehmen wir wieder den Atem als Beispiel und denken wir an eine Erkältung, die uns das Atmen erschwert, weil die Luft einfach nicht so leicht ein und aus strömt wie sonst. Dieser Zustand verlangt, dass wir uns sofort darum kümmern. Augenblicklich sieht der Geist unser Wohlergehen bedroht und stuft den Atem, der sonst zur Routine gehört, in die höchste Prioritätsklasse ein. Er wird uns dann zu einer Reaktion bewegen, nämlich die Nasenatmung irgendwie wiederherzustellen, damit die Versorgung mit dem lebensnotwendigen Sauerstoff sichergestellt ist. Solche Regulierungen des körperlichen Geschehens finden im Laufe unseres Lebens ständig statt.

Noch ein ganz erstaunliches Phänomen ist darin zu sehen, dass sich unsere Aufmerksamkeit unserem eigenen Geist zuwenden kann, um das Räderwerk seiner unendlichen Wandlungsformen zu bestaunen. Wenn wir uns über das gewöhnliche Bewusstsein erheben, können wir uns gleichsam umdrehen und den kleinen persönlichen Alltagsgeist beobachten. Auch das gehört zu den charakteristischen Merkmalen des menschlichen Bewusstseins: die Fähigkeit zur Selbstbetrachtung und Selbstreflexion. So haben wir einerseits unser Denken und unsere mentale, seelische und körperliche Erfahrung, während uns zugleich bewusst ist, dass auf einer höheren Ebene noch etwas anderes vor sich geht. Wir sind uns mit anderen Worten eines übergeordneten Bewusstseins bewusst, in das unser kleineres

Wahrnehmungsfeld eingebettet ist. Und wie gesagt, wir wissen um dieses Bewusstsein.

Diese reflexive Seite des universalen Geistes gibt es nur beim Menschen. Sie ist ihrer Natur nach distanziert, was ihr einen reflektierenden Standpunkt einzunehmen erlaubt. Als Betrachter ist sie nicht involviert in das, was sie betrachtet, sie bleibt distanziert. Diese Außenperspektive oder Objektivität zeichnet die menschliche Intelligenz gegenüber den Tieren aus. Ohne diese Möglichkeit der distanzierten Betrachtung könnten wir nur reagieren, wären aber nicht zu spirituellen Erfahrungen in der Lage. Stellen Sie sich vor, Sie könnten diese in die Weite strebende Freude der Großzügigkeit, des Mitfühlens, der Weisheit und Dankbarkeit und aller anderen feineren Regungen nicht erfahren. Dieses reflexiven Vermögens bedienen wir uns bei all den Problemen, die in der Natur unseres Umgangs miteinander liegen, sei es bei der Arbeit, in der Ausbildung oder in der Schule des Lebens. Wir setzen es ein, wenn etwas schwierig wird, etwa durch Langeweile, Frust, Stumpfsinn, Enttäuschung, Faulheit oder die Neigung, Fehler zu machen. All das kann der reflektierende Geist aufgrund seiner Distanz untersuchen, verarbeiten und lösen. Und nur auf diesem Wege können wir wachsen und reifen.

Hin und wieder wachsen wir unversehens über unseren Alltagsgeist hinaus, und etwas Ungewöhnliches erschließt sich uns. So ist es beispielsweise, wenn uns urplötzlich eine Eingebung kommt oder eine unerklärliche Ahnung überfällt. Wir sprechen dann vielleicht von Intuition. Der Alltagsgeist kann nicht wissen, woher so etwas kommt, schließlich ist er nicht aus Inhalten seines Erinnerungsspeichers zusammengesetzt. Und da Intuition zudem nicht rational ist, lässt sie sich auch nicht mithilfe der Logik erfassen.

Blitzhafte Eingebungen erreichen uns aus dem allgegenwärtigen und unsichtbaren Feld des universalen Geistes. Und sie geben uns einen Vorgeschmack auf das, was uns erwartet, wenn es uns schließlich gelingt, unser gewöhnliches Denken zu durchbrechen. Ein geklärter Geist – das ist wie eine blitzhafte Eingebung, die nicht mehr aufhört.

In den praktischen Zusammenhängen unseres Alltags ist der universale Geist die Quelle, aus der spontane Erinnerungen kommen. Jeder hat diese Verbindung schon dann und wann erlebt. Sie ist uns vertraut in der Form von plötzlichen Aha-Augenblicken, wenn etwas, das uns partout nicht einfallen oder klar werden wollte, plötzlich geradezu hörbar einrastet.

Der universale Geist ist eine buchstäblich unerschöpfliche Energiequelle. Er hält für alle Fragen und Probleme des Lebens, wie auch immer sie sich entwickeln mögen, Antworten parat. Er passt sich allen Umständen an und vermag Fehler und Irrtümer – das heißt Verstöße gegen das universale Gesetz – zu erkennen und zu korrigieren. Er scheut sich nicht, die Dinge umzustülpen oder auf den Kopf zu stellen, um sie zu sehen, wie sie wirklich sind. Der universale Geist ist nur der höchsten Wahrheit verpflichtet und sonst nichts und niemandem.

Unser Zugang zu dieser »Ressource« ist ganz ohne Zweifel das größte Kapital, über das wir als Menschen verfügen können. Trotzdem haben nur sehr wenige Menschen ein Gespür für die Bedeutung dieses fantastischen evolutionären Erbes. Dabei ist es so wichtig für unser Leben, denn wenn wir nicht unsere gesamte Intelligenz so einsetzen, wie sie angelegt und gemeint ist, ist das Leben ein ständiger mühsamer Kampf. Und wenn wir gar nicht wissen, dass uns dieses große Erbe zugefallen ist, ahnen wir auch nichts von unseren Möglichkeiten, anderen zu helfen. Dann entgehen uns die Freuden des Gebens, und stattdessen plagen uns Bedauern und Schuldgefühle. Vor allem aber werden wir die Dinge dann nicht richtig verstehen können, wir sehen sie nicht, wie sie wirklich sind, und folglich fehlen uns die Einsichten, mit denen wir unsere Leiden lindern könnten.

Warum spirituelle Erziehung notwendig ist

»Erziehen« – das Wort hat wie in vielen anderen indogermanischen Sprachen etwas von Anleitung und Führung oder von Überführung von einem Zustand in einen anderen. Der Geist wird aus der Finsternis der Unwissenheit heraus und in Richtung des Lichts der Erkenntnis und des Verstehens geführt oder eben gezogen. Als lebenslang Lernende ziehen wir uns selbst groß, und das kann ein Weg der geistigen Weitung sein, der allem, was wir tun, Sinn verleiht. Wenn es dabei allerdings nur um akademische Bildung und auswendig Gelerntes geht, führen wir uns selbst hinters Licht, denn in dieser Art von Lernen und Wissenserwerb fehlt das Spirituelle. Es vermittelt uns nicht die Werte, die uns bei der täglichen Auseinandersetzung mit dem Leben helfen könnten.

Aus ebendiesem Grund sind viele der Meinung, radikale Veränderungen des bestehenden Bildungssystems seien dringend geboten. Eltern, differenziert denkende Lehrer und geistig höherstehende Verwaltungsmitarbeiter beklagen den Verlust des Heiligen in der Erziehung und Bildung. Hier in Thailand, wo ich lebe, ist es den Eltern wichtig, dass sich ihre Söhne in einem nahe gelegenen *Wat* oder Tempel zum Mönch ordinieren lassen, sei es auch nur für einen Monat. Sie versprechen sich davon, dass diese Zeit in der Obhut der Mönche ihren Kindern ein spirituelles Fundament geben wird und ihnen so eine glückliche Zukunft sichert. Ihr reger Verstand sagt ihnen, dass spirituelle Werte entscheidend sind, wenn sich ihre Kinder zu gesitteten, kultivierten Menschen entwickeln sollen.

Wenn Lehrpläne so angelegt sind, dass akademische und spirituelle Unterweisung im rechten Verhältnis zueinander stehen, wird etwas wirklich Sinnvolles vermittelt. Diese Seite dessen, was wir Bildung nennen, vermittelt Sinn, der über die materielle Seite des Lebens hinausgeht, und ist deshalb Träger dessen, was Bildung und Erziehung eigentlich bedeuten. Das Lernen in solch einem Umfeld »zieht« uns auf eine höhere Stufe als die bloße Aneignung von Kenntnissen, nämlich auf die Stufe der Weisheit.

Es ist noch gar nicht so lange her, dass unsere klugen Vorfahren, insbesondere in den östlichen Traditionen, mit uralten spirituellen Mitteln unsere verborgenen Intelligenzreserven mobilisierten, ohne uns mit Massen von Informationen vollzustopfen. Wenn wir uns dieser Mittel bedienen würden, die sie uns nicht verschwiegen haben, könnten wir uns die Unsummen sparen, die jetzt auf der Suche nach »Intelligenzgenen« und Rezepten für intellektuelle Höchstleistungen in die Forschung fließen.

Aber nein, die moderne Gesellschaft beharrt auf der Wissenschaftlichkeit ihres Bildungssystems. Wir starren wie gebannt auf die geradezu belanglosen Aspekte der Intelligenz, die sich mittels entsprechender Tests messen lassen. Im modernen Bildungswesen geht es ganz überwiegend um rationale und lineare Intelligenz, um Logik. Intelligenztests erfassen die Schnelligkeit, Gedächtniskapazität und mathematische Fähigkeit unseres rationalen Verstandes. Andere Faktoren, wie emotionale Sensibilität, Selbstwahrnehmung im Augenblick und die subtilen intuitiven Vermögen des universalen Geistes, berücksichtigen sie dagegen nicht. So bereitet das moderne Bildungswesen seine Zöglinge zwar auf den

Umgang mit mathematischen Gleichungen und Sprachbeherrschung vor, führt den Geist jedoch in keiner Weise an die Möglichkeit heran, sich zu öffnen und zu weiten und über die engen und starren Grenzen der Rationalität hinwegzusetzen.

Die meisten am westlichen Vorbild orientierten Schulen der Welt vermitteln den Schülern die Meinungen und Überzeugungen ihrer Gründer. Der jeweilige pädagogische Ansatz prägt die Lehrpläne. Damit wird von Anfang an festgelegt, wie die Bildungsinhalte für künftige Generationen von Schülern aussehen sollen. Das alles mag in bester Absicht geschehen, aber es taugt nicht, und das hat tief greifende und weitreichende Folgen für das gesamte System. Wenn hinter den Gründungsprinzipien Unwissenheit und Fehlinformation stehen, muss alles davon Abgeleitete weitgehend wahnhaft sein. Unabhängig von der Intention geht solch ein System an dem vorbei, was Bildung eigentlich ist. Aus solchen Lehreinrichtungen, die auf Glaubenssätzen, Mutmaßungen und Meinungen beruhen und auf die bloße Vermittlung von Kenntnissen abzielen, gehen Menschen hervor, die wir treffend als »Fachidioten« bezeichnen. Nach Jahren der Informationsanhäufung haben Schüler und Studenten nicht viel mehr vorzuweisen als ein Stück Papier, ihr Abschlusszeugnis oder Diplom, das die Gesellschaft als ihren Bildungsnachweis akzeptiert. Trotz dieser Beglaubigung wissen die Studenten aber nicht viel über sich selbst und werden deshalb nie erfahren, was wirklich in ihnen steckt. Und so bringt unser Bildungssystem weiterhin Generationen von richtungslosen, nur an sich selbst denkenden Konsumenten ohne politisches Bewusstsein hervor.

Ein Bildungssystem, das die Menschen ohne echte Orientierung lässt, kann zu nichts Gutem führen, und so dürfen wir damit rechnen, dass die Zahl der übergewichtigen, drogenabhängigen und unglücklichen Menschen in der Welt noch zunehmen wird. Das ist eine unselige Entwicklung mit tragischen spirituellen Folgen. Es wird immer weniger sensible und kluge Menschen geben, die über den engen Horizont des Systems hinauszublicken vermögen. Wenn die Studenten endlich ihre akademischen Titel bekommen, wissen sie so gut wie alles über das Internet, den Alkoholgehalt sämtlicher Biersorten, die Vor- und Nachteile jedes einzelnen Smartphones, die Sendezeiten der saftigsten Reality-Shows und die Preise für Flugtickets nach Istanbul oder London. Sie leben und arbeiten von da an fürs Geld und gleich auch für ihre Rente. Und alle Chancen, die das Leben für den Blick nach innen und die Suche nach Wahrheit bietet, wird die Zeit verschlingen. Wenn wir nicht in uns erkunden, wie die Dinge wirklich liegen, kann das Leben nur eine Übung in Vergeblichkeit sein.

Ich möchte Ihnen mit diesem Buch Mut machen, Ihre Grenzen zu weiten, damit Sie nicht auch ein Protagonist dieser traurigen Geschichte werden. Ich glaube, es wäre für Sie und jeden anderen ein großer Gewinn, die Biografien von Menschen wie Mahatma Gandhi oder Martin Luther King oder die Lebensgeschichten der großen indischen Meister, insbesondere des Buddha, zu lesen. Außerdem können Sie gleich jetzt damit anfangen, Ihren Blickwinkel zu erweitern, und Sie brauchen dazu nichts weiter als die Umstände und Situationen Ihres eigenen Lebens. Blicken Sie nach innen. Achten Sie einmal auf Ihre Gefühle und Stimmungswechsel.

Beobachten Sie, ob es bei Ihnen auch so ist wie bei vielen anderen: am Morgen ein bisschen dumpf und ohne viel Antrieb. Am Nachmittag bestimmen meist Wünsche unsere Stimmung – wir würden gern shoppen gehen, wir möchten etwas Kreatives tun, wir möchten … irgendetwas anderes. Der Abend schaltet uns dann auf sinnliche Gelüste um – essen, ins Kino gehen, fernsehen, E-Mails lesen und senden und so weiter. Kaum einer hat morgens um neun Lust auf Kino!

Wenn wir diese für unsere Stimmungslage wichtigen übergreifenden Energiebögen zu bemerken lernen, wird uns auch eher auffallen, wann wir glücklich, unglücklich, selbstbewusst, zögerlich, besorgt, ängstlich und so weiter sind. Wir nehmen deutlicher wahr, wie froh uns die Begegnung mit einem Freund macht und wie unfroh das Treffen mit jemandem, den wir nicht mögen. Seien Sie ehrlich mit sich selbst. Sehen Sie die Dinge, wie sie sind, und Sie werden sehr viel bewusster werden.

Übungen
zur Schulung
des Geistes

Wie sieht es nun ganz praktisch mit dem universalen Geist aus? Wenn Sie die folgenden Meditationsexperimente anstellen, werden Sie sich aus eigener Anschauung davon überzeugen können, dass der universale Geist jederzeit in Ihrer Reichweite ist. Er ist jederzeit bereit, Sie mit grenzenloser Kreativität und wirklich neuen Gedanken zu versorgen und Ihre Arbeit oder Ihre Studien um neue Dimensionen zu erweitern. Meditation, vor allem die in der buddhistischen Praxis geübten Meditationen, können wie eine Art automatisches Upgrade der Speicher- und Rechenleistung Ihres Gehirns sein, und das in einem Umfang, den Sie wahrscheinlich nie für möglich gehalten hätten. Aber nehmen Sie sich vorerst einfach nur ein paar Minuten Zeit, um einen Geschmack von diesem tiefen, anhaltenden Frieden zu bekommen, der Ihnen jederzeit und überall zugänglich ist. Er gehört Ihnen, umsonst.

Sammlung auf den Atem

Lassen Sie in Ihren Geist erst einmal Ruhe einkehren. Schalten Sie die laufende Dokumentation Ihrer Vergangenheit und Zukunft ab, am besten ganz, zumindest jedoch für die Dauer dieses Experiments. Wenn das erreicht ist, konzentrieren Sie sich auf ein neutrales Objekt, das Ihnen als Anker dienen wird. Das ist der Punkt, zu dem Sie immer wieder zurückkehren können, wenn sich Ihr Geist doch wieder in Gedanken über Vergangenheit und Zukunft verwickeln lässt. Ein ganz neutrales Objekt und deshalb besonders geeignet und von vielen bei der Meditation verwendet, ist die Atmung – einatmen, ausatmen. Es ist ein simpler und zyklischer körperlicher

Ablauf, Sie haben das Meditationsobjekt Ihrer Wahl also immer bei sich, es ist nie weiter entfernt als Ihre Nasenspitze. Verschränken Sie Ihre Aufmerksamkeit einfach ganz leicht mit dem gegenwärtigen Augenblick – immer nur ein Atemzug und dann wieder einer. Verfolgen Sie nicht die zurückliegenden Atemzüge, denken Sie nicht darüber nach, ob Sie Ihre Aufmerksamkeit wohl auch beim übernächsten Atemzug noch aufrechterhalten können. All das würde über die Gegenwart hinausgehen. Bleiben Sie nur bei dem, was jetzt im Moment geschieht. Das ist alles.

Wenn Sie bei Ihren Ausflügen in den Atem etwas wagemutiger sein möchten, können Sie versuchen, die Luft nach dem Einatmen möglichst lange anzuhalten. In diesen Sekunden geschieht überhaupt nichts, Sie atmen ja nicht einmal. Vielleicht fällt Ihnen auf, dass Ihr Geist für diesen Moment ganz leer ist – kein Gedanke, keine Regung. Schon in diesen wenigen Sekunden bekommen Sie ein Gespür für heitere Gelassenheit und Frieden. Das ist, als würde man dicke Vorhänge beiseiteziehen und die Sonne hereinlassen. Die Sonne war immer da, aber Sie haben sie nie bemerkt – bis zu diesem Entschluss, sie bewusst hereinzulassen. In diesem lichtdurchfluteten Zimmer – Metapher für unseren Geist – sehen wir die Dinge klarer. Wenn anhaltende Stille in den klaren Geist einkehrt, kommt er in einem Zustand reinen Erkennens zur Ruhe, und das ist ein Vorstadium des Vipassana, eines klaren Erkennens der Dinge, wie sie wirklich sind.

Wenn Sie bei Ihrem Meditationsexperiment so weit gekommen sind, haben Sie sich aus der Enge der konventionellen Zeit gelöst und bewegen sich in einem unbegrenzten Feld der Möglichkeiten. Vielleicht stellen Sie anschließend sogar überrascht fest, dass Sie länger in dieser

Stille gesessen haben, als Sie dachten. Für die Dauer dieser Phase der Stille jedenfalls haben Sie einen Geschmack von wahrer Freiheit bekommen. Durch Konzentration können Sie sich also vom Körper und vom Alltagsgeist des Ego-Ich freimachen.

Vorbereitung für Körper und Geist

Nach der folgenden Anleitung können Sie Kontakt zum universalen Bewusstsein aufnehmen. Dieses höhere Bewusstsein können Sie dann nutzen, um mit den täglichen Schwierigkeiten fertig zu werden und Ihre Lernfähigkeit zu verbessern.

Stellen Sie sich darauf ein, Ihren Geist einmal auf ganz neue Art zu benutzen. Setzen Sie sich zu dieser Übung bequem hin. Entspannen Sie die Lider, sodass sie sich leicht schließen, und denken Sie: »Weich.« Sie entspannen den Geist und lächeln innerlich. Wenn Sie Mund und Kiefer entspannen, wird sich das Lächeln auch über Ihr Gesicht ausbreiten. Die Lippen strecken sich ein wenig, sie lächeln. Der Grund dafür liegt aber nicht darin, dass Sie etwas *tun*. Vielmehr *lassen* Sie etwas, Sie lassen los, und daraus wird ein Lächeln. Das Lächeln holt uns in unsere natürliche Unschuld zurück. Wie wir dann aussehen – das ist eigentlich unser natürlicher Ausdruck.

Richten Sie die Aufmerksamkeit jetzt auf Ihre Körperhaltung. Richten Sie sich so weit auf, dass Sie sich von der Rückenlehne lösen.

Da Sie jetzt auf Ihren Körper achten und ihn behutsam in seinen Naturzustand versetzen, wird Ihnen auch Ihr Geist bewusst, da Körper und Geist innig miteinander verknüpft sind. Sie beobachten, wie Ihr Atem länger und tiefer wird, Sie entspannen sich. Die Entspannung wird sich noch steigern, wenn Sie Ihren Atem zu seinem natürlichen langsamen Rhythmus zurückkehren lassen. Sie *machen* Ihren Atem nicht tiefer, aber die Brust dehnt sich doch immer weiter, sodass die Lunge mehr Luft aufnimmt.

Beim Einatmen wird der Brustkorb weiter und hebt sich ein wenig, man spürt die Bewegung der Rippen. Auch der Kopf hebt sich dabei ganz leicht. Wenn Sie genau aufpassen, fühlen Sie ein Senken der Schultern und in den beteiligten Rückenmuskeln kleine Verschiebungen. Der Körper findet zu seinem Gleichgewicht. Sie kommen in der natürlichen Ausrichtung des Körpers zur Ruhe, auf die er sich einpendelt, wenn Sie nicht unter nervöser Anspannung stehen.

Entspannen Sie die Gesichtsmuskeln einschließlich der Kiefer noch ein wenig mehr. Sie können es sogar einfach der Schwerkraft überlassen, den Körper vom Scheitel bis zur Sohle zu entspannen. Nehmen Sie sich für diese Einleitungsphase genügend Zeit, um zu spüren, wie die Anspannung nachlässt und der Kraftaufwand zurückgeht. Verfolgen Sie, wie Körper und Geist entspannt und weich werden. Wie wir alle wissen, nimmt unser Geist die Dinge gern allzu ernst und gerät in Stress wie der Körper, wenn er sich anspannt. Da hilft uns das Lächeln als ein biologisches Signal und sorgt für eine Umstimmung der »Chemie«, was wiederum Körper und Geist daran erinnert, die Sache ganz leichtzunehmen. Es ist wichtig, dem Körper unsere Aufmerksamkeit zuzuwenden; unser Körperbewusstsein bekommt dadurch neue und andere Impulse. Wir können in unserem Leben nur ganz präsent sein, wenn wir die Verbindung zum Körper nicht verlieren.

Wenn Sie mit dieser Einstimmung von Körper und Geist auf Entspannung schon etwas Erfahrung haben, werden Sie ganz mühelos durch diese Vorbereitungsphase gehen. Ihr inneres Empfinden wird auch immer besser einzuschätzen lernen, was durch Anspannung bedingt ist und wie Sie loslassen können. Es gibt gegen körperliche und geistige Anspannung nichts Besseres als dieses Loslassen. Ohne ängstliche Spannung und Stress läuft in Körper und Geist alles glatter, flexibler und fließender. Und hat der Körper einmal in seine natürliche Verfassung zurückgefunden, schließt sich der Geist an und reagiert entsprechend.

Ich werde Sie gleich auffordern, das Wort »ruhig« einzuatmen, aber erst muss ich noch erklären, was ich mit dem Einatmen eines Wortes meine.

Wir atmen ein Wort ein, wenn wir uns ihm innerlich zuwenden und es beim Einatmen stumm flüstern. Machen Sie sich klar, dass jedes Wort eine Kraft besitzt. Sogar ein nicht ausgesprochenes, sondern nur gedachtes Wort sendet in uns eine geistige Schwingung aus. Wenn wir also innerlich das Wort »ruhig« aussprechen, entsteht eine Schwingung, die unseren Geist in Richtung Gelassenheit tendieren lässt. Das Denken selbst besitzt immer eine gewisse kantige Härte, und die schmilzt jetzt ab. Etwas

Befreiendes und Entspanntes breitet sich in uns aus und wird umso tiefer, je länger wir in der von dem Wort »ruhig« ausgehenden Empfindung bleiben.

Es ist ein kumulativer Effekt: Immer wenn wir »ruhig« oder »still« erneut einatmen, baut sich die mit diesem Wort verbundene positive Empfindung weiter auf, sodass es in unserem Geist immer klarer und heller wird. Ein Glücksgefühl breitet sich aus – und ein glücklicher Geist kann sich mühelos konzentrieren.

Fangen Sie jetzt also an, das Wort »ruhig« einzuatmen. Versuchen Sie beim Einatmen zu spüren, wie sich diese Ruhe auf Ihren Geist auswirkt. Die Ruhe soll sich in Ihnen ausbreiten, bis Sie ganz davon durchtränkt sind. Halten Sie das möglichst einfach, atmen Sie nur »ruhig« ein, ohne Ihre Leistung zu beurteilen oder daran zu zweifeln, dass Sie es können. Da wir alle verschieden sind, erlebt jeder diese Übung auf seine ganz eigene Weise. Aber jeder wird einen Nutzen davon haben.

Gehen Sie jetzt zu dem Wort »klar« über, das Sie genauso einatmen. Drei Atemzüge mit »klar«. Zuletzt atmen Sie dreimal den Ausdruck »darüber hinaus« ein. Vergessen Sie bei dieser Übung das Lächeln nicht. Lösen, öffnen und entspannen Sie sich.

Damit sind die vorbereitenden Übungen abgeschlossen, auf die Sie überall zurückgreifen können, wo Sie sich gerade aufhalten.

Neuere wissenschaftliche Experimente belegen, dass diese aktive innere Ausrichtung auf Wörter sehr gut geeignet ist, um das Bewusstsein beim gegenwärtigen Augenblick zu halten. Und auf dieses Jetzt-Gewahrsein kommt es an, wenn Ihre Praxis echten spirituellen Wert haben soll. Je besser wir es wahren können, desto mehr gehen wir in Richtung echter Meditation.

Wenn Sie die Entspannungsübungen so lange ernsthaft gemacht haben, dass Sie sich einigermaßen auf ein Meditationsobjekt konzentrieren können, sind Sie bereit für den nächsten Schritt.

Fitnessübung für den Geist

Wenn Sie diese Atemtechnik zu Hause üben, ist das schon sehr schön, aber Sie werden noch viel mehr Erfahrung sammeln, wenn Sie damit in allen möglichen Alltagssituationen experimentieren. Sogar in überfüllten Räumen können Sie Entspannung üben, versuchen Sie es auch einmal im Bus oder sonst irgendwo. Ich habe viele Schüler, die herausfanden, dass sie damit wach und interessiert bleiben können, sei es im Unterricht oder bei Geschäftsbesprechungen, beim Warten in der Schlange, sogar bei Verhandlungen um einen Mietvertrag.

Halten Sie sich an diese simple Technik, und Ihr Geist wird mit der Zeit präziser und schneller funktionieren. Sie werden Zusammenhänge leichter erfassen, Sie werden Feinheiten bemerken, die Ihnen früher nie auffielen. Darüber hinaus werden Sie mit mehr Selbstvertrauen und Begeisterung an die Dinge herangehen. Sehen wir uns an, wie das geht.

Wählen Sie sich eine Person, mit der Sie in irgendeinem Zusammenhang für längere Zeit zusammen sind. Nehmen wir beispielsweise an, Sie seien Student und nähmen an einem Kurs teil. Nehmen Sie sich vor, Ihre gesamte Aufmerksamkeit auf den Lehrer zu sammeln. Sehen Sie ihn an, sobald er den Unterrichtsraum betritt. Verfolgen Sie alle seine Bewegungen so genau, wie Sie nur können. Beobachten Sie so eingehend, dass Sie lückenlos und bis ins kleinste Detail darüber berichten könnten – als wären Sie ein Verhaltensforscher und dies der erste Lehrer, den Sie je gesehen haben. Seien Sie ein sehr engagierter Be-

obachter, der das gesamte Wahrnehmungsfeld mit fasziniertem Forschergeist in sich
aufnimmt und den gegenwärtigen Augenblick präzise erfasst und auslotet.

Achten Sie auf alles: wenn er dasteht,
wenn er geht, wenn er die Kreide zur Hand
nimmt. Verfolgen Sie, wie er sich zur Tafel
wendet und etwas schreibt. Verfolgen Sie
genau, wie er jeden Buchstaben und jede
Zahl ausformt. Verzeichnen Sie dann auch,
wie er sich wieder zum Raum wendet, wie
er die Kreide ablegt und wo er sie ablegt.
Beachten Sie, wie sich sein Mund bewegt
und Laute formt, wie sein Blick von einem
zum anderen wandert, um zu ermessen, ob
man ihn versteht oder ob alle nur ratlos
umherschauen. Nehmen Sie geduldig alles
auf, was sich jeweils gerade tut.

Beobachten Sie den präzisen Ablauf
der Dinge. Wenn sich der Lehrer beispielsweise hinsetzt, achten Sie darauf, wie er
nach dem Stuhl greift, wie er sich bewegt

und schließlich Platz nimmt. Und weiter: wie er sich zurücklehnt, was für Handgesten er macht, wie er eine Frage stellt und jemanden aufruft. Wenn Sie auf diese Art konzentriert und auf alle Einzelheiten bedacht das Geschehen verfolgen, bekommen Sie genau mit, was der Lehrer sagt, und können den Gedankengängen des Unterrichts folgen. Zu diesem wachen Zuhören kommt es, weil Ihre Aufmerksamkeit so nah am Geschehen ist, dass sie gleichsam eins mit ihm wird.

Sie lassen sich ganz auf diese Bewusstheit ein und erleben dabei, wie sich Außenwelt und Innenwelt verbinden. Diese Fähigkeit wird sich noch weiter entwickeln, und Sie werden verblüfft feststellen, dass Ihr Bewusstsein etwas Fließendes und Dynamisches bekommt. Ihr Geist findet in seinen Naturzustand zurück, in dem er empfänglich, scharf und spontan ist. Er löst sich von den starren, stumpfsinnigen

Mustern, die uns so sehr zur Gewohnheit geworden sind. Erstaunlich auch, dass Sie dem Unterricht auf diese Art besser folgen können, als wenn Sie nur mit schweifenden Gedanken passiv dasitzen und sich womöglich langweilen und das Ende des Unterrichts herbeisehnen.

Achten Sie währenddessen darauf, dass Sie in einer aktiven Sitzhaltung bleiben, möglichst so nah an der Schreibfläche, dass Sie immer schnell die notwendigen Notizen machen können. Achten Sie dabei mit der gleichen Aufmerksamkeit auf Ihre Hand, wie sie den Stift nimmt und mit ihm die Buchstaben und Wörter formt. Lassen Sie also nicht zu, dass Ihre Aufmerksamkeit schwammig wird, wenn Sie den Blick einmal vom Lehrer abwenden müssen. Nach Ihrer Notiz lassen Sie die Aufmerksamkeit gleich wieder zum Lehrer zurückschnellen. Sie soll genau und sozusagen »anliegend« sein: Sie heftet sich an die Bewegungen des

Lehrers, sie schleift nicht nach und bildet keine Wolken um ihn. So bleiben Sie ganz nah an Ihrer Umgebung – zu der neben dem äußeren Geschehen auch Ihr Körper gehört –, aber auch an dem, was in Ihnen vorgeht.

Damit der Schwung der gesammelten Aufmerksamkeit nicht verloren geht, gehen Sie zu Hause am Abend einfach noch einmal alles durch, was Sie an dem Tag gemacht haben. Sie werden sehen: Nach einem Tag in dieser Aufmerksamkeit fühlen Sie sich leichter, Sie sind einverstanden mit Ihren Tätigkeiten dieses Tages und mit seinen Lernerfahrungen, Sie freuen sich geradezu darauf, die Dinge noch einmal Revue passieren zu lassen, solange sie frisch sind. Sollten Sie dabei auf etwas stoßen, was Sie noch nicht verstanden haben, machen Sie sich eine Notiz. Nur das. Denken Sie nicht lange darüber nach, machen Sie sich keine Sorgen. Setzen Sie einfach Ihren Tagesrückblick fort, und halten Sie fest, was noch der Klärung bedarf.

Sie haben sich methodisch und als eine Art Meditation eine neue Fähigkeit erarbeitet – sich einer Sache mit interessierter Konzentration zuzuwenden, um Ihr Verständnis zu vertiefen –, und dieses Vorgehen sorgt dafür, dass sich die verbliebenen Schwierigkeiten unterbewusst ganz von selbst klären, während Sie sich anderen Dingen zuwenden. Während Sie Ihre Notizen aus dem Unterricht durchgehen, wird sich zeigen, dass Sie die bereits erfassten Dinge jetzt tiefer verstehen und alles noch Ungeklärte sich im Hintergrund Ihres Bewusstseins zu sortieren beginnt.

Diese Übung können Sie natürlich auch mit einem Angestellten oder Kollegen machen, mit irgendjemandem, von dem Sie etwas lernen möchten. Wichtig ist allein, dass Ihre Aufmerksamkeit wie in dem beschriebenen Beispiel beständig sehr nah an dem bleibt, was gerade geschieht. Sogar beim entspannten Zusammensein mit Freunden geht diese stetige Aufmerksamkeit dann gleich unter der Oberfläche des gewöhnlichen Bewusstseins weiter. Entscheidend ist unser Entschluss, bei allem, was wir tun, so präsent wie möglich zu sein. Von da an gewinnt unser Geist seine eigene Sammlung und Stabilität, ohne dass Sie sich bewusst dafür einsetzen müssten. Wo gute Ursachen gesetzt sind, müssen gute Wirkungen daraus folgen.

Viele Lernprozesse laufen nach diesem Muster ab: Bei der ersten Begegnung mit etwas Neuem sind wir erst einmal ziemlich ratlos. Was hat es damit auf sich? Was jetzt? Dann denken wir über die Sache nach, um uns irgendwie einen Reim darauf zu machen oder wenigstens irgendetwas Vertrautes zu finden, von dem aus wir uns weitertasten können. Vielleicht stoßen wir auch auf etwas, von dem wir intuitiv spüren, dass wir es irgendwie durchdringen können. Jedenfalls sollten wir uns nicht ins Bockshorn jagen lassen. Alles lässt sich lernen, wenn wir nur methodisch vorgehen und jeden Bodengewinn absichern, bevor wir uns weiter vorwagen.

Wenn wir uns die Schwierigkeiten bei bestimmten Lernschritten noch einmal vergegenwärtigen, kommen Erinnerungsprozesse in Gang, die in tieferen Schichten unseres Bewusstseins sitzen. Hier haben wir Anschluss an das, was ich universalen Geist genannt habe, hier entspringen Erkenntnis und Weisheit. Wenn diese Verbindung einmal hergestellt ist, wird unser Geist wie von selbst schärfer und klarer. Nicht nur das für die Welt notwendige Wissen ist uns dann leichter zugänglich, sondern es entsteht auch eine Öffnung für kreative, unser Leben bereichernde Eingebungen jeder Art.

Und das ist alles, wozu dieses clevere Training der geistigen Fitness gut sein soll. Beobachten Sie einfach scharf und kontinuierlich. Legen Sie es darauf an, möglichst viel von dieser Wachheit in den Dingen Ihres Alltags walten zu lassen, damit Sie die Technik verinnerlichen können und immer zur Verfügung haben. Wenn Sie dann wieder einmal eine Situation erleben, die volle Konzentration verlangt, sind Sie darauf vorbereitet, Ihre Aufmerksamkeit genau auszurichten.

Bauen Sie diese Fähigkeit im Laufe einiger Wochen oder Monate auf, ohne zunächst nach bestimmten Resultaten Ausschau zu halten. Die werden schon kommen, wenn die Zeit dazu reif ist. Der größte und interessanteste »Spezialeffekt« wird in der Erkenntnis bestehen, dass Sie den Zustand der Präsenz im Augenblick erreicht haben. Sie werden intuitiv wissen, dass dieser Bewusstseinszustand so tief befriedigend und belebend ist wie nichts anderes, was Sie je zuvor erlebt haben.

Wenn Ihr Geist in dieser Weise trainiert ist, werden Sie auf Fragen, die Ihnen gestellt werden, sofort eine gute Antwort wissen. Wahrscheinlich werden Sie sogar feststellen, dass Sie schon wissen, was der andere fragen wird, bevor er oder sie auch nur den Mund aufmacht. Ihr geklärter und jetzt mit dem universalen Bewusstsein verbundene Geist wird sich so gut wie verzögerungsfrei der in Ihrem Bewusstsein aufblitzenden Antwort öffnen, bevor auch nur das erste Wort der Frage ausgesprochen ist.

Wer diese Anleitung ebenso entschlossen wie engagiert umsetzt, wird bald merken, dass ihm alles gelingt, was er in Angriff nimmt. Danach wird Ihnen diese Technik eine Basis sein, von der aus Sie größere Streifzüge und Entdeckungsreisen in das Reich Ihres intuitiven Geistes unternehmen können.

Diese einfache Übung wirkt so, als würden Ihre geistigen und körperlichen

Fähigkeiten von einer neuen Kraftquelle aufgeladen. Es gibt keinen anderen Zugang zu einem dynamischeren, kreativeren, agileren und immer in der Frische des Augenblicks lebenden Geist, der als ebenso erprobt und bewährt gelten kann. Stellen Sie sich nur vor, was alles möglich wird, wenn Sie diese Übung über längere Zeit regelmäßig machen. Sie werden jederzeit und bei allem auf die unerschöpflichen Mittel des universalen Geistes zurückgreifen können.

Inzwischen ahnen Sie wohl, mit was für einem unvergleichlichen Werkzeug wir alle geboren werden: unserem Geist. Es versteht sich beinahe von selbst, dass wir jetzt wissen möchten, wie er funktioniert, damit wir ihn im besten Sinne zu unserem Vorteil nutzen können. Dazu dient uns die hochwirksame Technik der geistigen Schulung durch Konzentration. Zur Konzentration finden wir nur in der Stille und durch die oben dargestellten Meditationstechniken. In äußerer und innerer Stille kann die Konzentration ihre Wunder wirken, die präzise Ausrichtung unserer Aufmerksamkeit. Diese Sammlung auf den gegenwärtigen Augenblick ist sogar der Schlüssel zum Verständnis von allem und jedem. Konzentration bannt den Geist und andere auseinanderstrebende Energien auf einen bestimmten Punkt, von wo aus wir ihn auf das richten können, was wir gerade im Sinn haben. So dringen wir wesentlich weiter in die Tiefe, als wir es mit unserem gewöhnlichen Denken je könnten. Und dort steht uns dann das Reich des universalen Geistes offen.

Im Zustand tiefer Konzentration bekommen alle Bewusstseinsinhalte – Dinge, Gedanken, Stimmungen, Erinnerungen, Gefühle und so weiter – etwas Lichtvolles und Durchscheinendes, sodass wir alles näher betrachten können, ohne an irgendetwas hängen zu bleiben. Mit klarem, aber distanziertem Blick erkennen wir sie als das, was sie sind, als fließende Energiemuster, die sich ständig ändern und eigentlich zu niemandem gehören, jedenfalls nicht in dem Sinne, dass wir sie haben und halten könnten. In dieser klaren und lichtvollen Verfassung bleibt der Geist in gelassener, wacher Bereitschaft und ist jeder Situation gewachsen.

Durch regelmäßiges Üben entwickeln wir dieses unschätzbar wertvolle Jetzt-

Gewahrsein, und da wir immer genauer auf unseren Geist achten, wird uns bewusst, dass er Dinge zu sehen vermag, die wir nie in uns vermutet hätten.

Anhaltender Erfolg im Leben ist nicht einfach dadurch zu erreichen, dass wir mit Hochdruck unser Studium betreiben oder immer mehr und immer länger arbeiten, um schließlich ein Stück Papier vorweisen zu können, das unsere Leistungen bescheinigt, oder um immer noch mehr Geld zu verdienen. Es ist geradezu abwegig, von jemandem oder etwas außerhalb unseres Selbst die Bestätigung unseres inneren Wertes zu erwarten. Denken Sie immer daran, dass sich alles in dieser Welt ändert. Wer auf Vergängliches baut, bringt sich in die Lage eines Hundes, der seinem eigenen Schwanz nachjagt.

Wir können uns aber aus eigener Anschauung davon überzeugen, dass wir bereits eine unschätzbar wertvolle, tiefe

Intelligenz besitzen, an die wir uns jederzeit anschließen können. In dieser Tiefe
des Geistes stoßen wir auf die subtilen und
atemberaubenden Dinge, von denen die
Weisen aller spirituellen Traditionen sprechen. Doch für den Weg dorthin können
wir nur auf unsere eigenen Kräfte zurückgreifen. Und wenn wir uns dieses erweiter-
te Bewusstsein erschlossen haben, können
wir sagen, dass wir ganz »online« sind.

Zusammenfassung

Jetzt wird es Zeit, das neu gewonnene Wissen um unsere Verbundenheit mit dem universalen Geist auf die Dinge unseres täglichen Lebens anzuwenden. Wir können diese neue Technik überall einsetzen – im Büro, im Unterrichtsraum oder irgendwo auf der Straße –, um unseren Geist deutlich effizienter und produktiver zu machen. Bedienen wir uns einfach aus diesem Feld des tiefen Bewusstseins, das für ausnahmslos jeden von uns erreichbar ist.

Sehen wir uns die überragenden Eigenschaften eines an die Kraftquelle des universalen Geistes angeschlossenen geklärten Geistes noch einmal im Überblick an:

– **Erweitertes Bewusstsein:** Der lineare Blick weitet sich zu einer vieldimensionalen Perspektive. Der Unterschied ist ungefähr so, als hätten Sie die Welt bisher durch ein kleines Guckloch betrachtet und sähen jetzt das gesamte Panorama.

– **Sprühend vor Energie:** Eine stetige dynamische Kraftquelle sorgt für Frische, Spontaneität und Wachheit des Geistes.

– **Tiefe Einsicht:** Selbsterkenntnis erschließt Ihnen eine Tiefe des Verstehens, mit der Sie leicht zur richtigen Einschätzung aller Situationen gelangen.

– **Scharfe Intelligenz:** Sie reagieren auf die Erfahrungen des Lebens auf eine alles einbeziehende, ganzheitliche Art, und Sie eignen sich alle Fähigkeiten eines erwachsenen, reifen Menschen an. Bei dieser Intelligenz handelt es sich um eine ganz ausgeglichene Energie, die von Herz und Geist ausgeht und Träger von Weisheit und Mitgefühl ist.

– **Unerschütterlichkeit:** Neurotische Einflüsse und Gefühle berühren Sie nicht mehr, Sie bleiben in einer Haltung dynamischer Gelassenheit.

– **Fließende Kreativität:** Ihr erweitertes Bewusstsein erlaubt Ihnen, frühere und aktuelle Erfahrungen in frische, originelle Ideen umzumünzen.

– **Zielsicherheit und Augenmaß:** Sie neigen weniger zu Fehlern und folglich erreichen Sie Ihre Ziele schneller, zielgenau und auf dem kürzesten Weg.

– **Gesteigerte Sensibilität:** Sie können direkt von Herz zu Herz kommunizieren und sich auch ohne Worte verständlich machen.

– **Furchtlosigkeit:** Sie agieren selbstbewusst, weil Sie wissen, dass Ihr Handeln der Wahrheit entspringt und deshalb nicht von Zweifeln und Gedankenkonstruktionen behindert wird.

– **Ausstrahlung:** Die genannten Qualitäten werden auch nach außen wahrnehmbar und verdichten sich zu einer einzigartigen, unwiderstehlichen Ausstrahlung.

Jetzt wissen Sie über die Möglichkeiten des geklärten Geistes Bescheid und kennen den Weg zu ihm, aber »einschalten« müssen Sie doch noch selbst, um die Verbindung tatsächlich herzustellen. Über das Was und Wie sind Sie unterrichtet worden, aber für die Zeit und den Raum müssen Sie selbst sorgen, das Interesse müssen Sie selbst aufbringen. Grundsätzlich stehen Ihnen zwei Möglichkeiten zur Wahl: sich ein Leben lang über all die Theorien zu informieren, die Sie ansprechen, oder einfach nur das zu lernen, was Sie wirklich benötigen, um dann den Rest Ihres Lebens der praktischen Umsetzung zu widmen und dieses Wissen froh zu leben.

Auf der Suche nach einem tieferen Verständnis des universalen Geistes lernen wir immer besser verstehen, was es bedeutet, als Mensch in dieser Welt zu leben. Unsere persönliche Welt entsteht wirklich aus unserer Grundhaltung, unseren

Stimmungen und all dem, was uns durch den Kopf geht. Es kommt darauf an, den Zusammenhang zwischen diesen inneren Voraussetzungen und der Außenwelt unserer Erfahrung zu erkennen, denn nur so offenbart sich uns schließlich, wie wir ein weiseres und wahrhaft mitfühlendes Leben führen können. Das ist der Schlüssel zu einem guten und glücklichen Leben.

Das Ziel

Es gibt im Leben so manches zu lernen, wie wir alle nur zu gut wissen. Und uns steht dafür wahrlich kein üppiger Zeitrahmen zur Verfügung, gerade einmal so lange, bis dieser Atem versiegt. Die Zeit reicht aber aus – wir dürfen nur nicht trödeln, denn wann unsere Zeit abläuft, wissen wir nie. Wenn Sie einfach nur das anwenden, was Sie in diesem Buch erfahren haben, sind Sie bestens für die Lektionen gerüstet, die Ihnen dieses Leben aufgibt – nutzen Sie die Chance, solange sie sich bietet. Sie werden die besten Seiten des Menschseins in sich entwickeln, Eigenschaften, die mit Recht in aller Welt hohes Ansehen genießen. Aus der Sicht der östlichen spirituellen Traditionen ist diese Entwicklung sogar der Grund, weshalb wir überhaupt ins Leben eintreten.

Wir haben uns hier in erster Linie mit der Stille des Geistes *(Samadhi)* beschäftigt, weil es uns um den gelassenen und wachsamen Geist ging, aber es gibt ein noch höheres Ziel. Dieses höhere Ziel liegt in der Ausbildung besonderer Eigenschaften, die uns zu sensiblen, mitfühlenden und intelligenten Menschen machen und darüber hinaus zur Erleuchtung führen. Wir reifen auf diesem Weg, unsere Selbstbezogenheit geht zurück und unsere Energie nimmt zu. Wir sehen uns von guten, vertrauenswürdigen und hilfsbereiten Menschen umgeben, von echten Freunden, die uns Mut machen. Unser Leben erzeugt eine Segenskraft, mit der wir die uns mitgegebene Weisheit nutzbar machen. Unterscheidungsvermögen und Mitgefühl sind die beiden entscheidenden Eigenschaften, die unserem Leben Schönheit und Harmonie verleihen. Und nicht nur das, sie steigern unsere Lebenstüchtigkeit, erweitern unseren Horizont und verhelfen uns zu einer neuen, höheren Art des Umgangs mit anderen. Urteilsvermögen, Intelligenz und Umsicht – gesunder Menschenverstand eigentlich – vermitteln uns Kompetenz und Begeisterung und lassen uns die richtigen Freunde wählen, wahre Freunde. »Schönwetterfreunde« lassen sich immer mal blicken und haben in dieser Beziehung eigentlich ihren Vorteil im Auge. Wirklich gute Freunde bieten uns Rückhalt und fördern unsere besten Anlagen, weil sie uns lieben und uns alles Gute wünschen; selbstsüchtige Freunde verleiten uns eher zu Dummheiten und bringen uns in Schwierigkeiten. Ohne unterscheidende Weisheit lassen wir uns leicht auf ungesunde Bekanntschaften ein. Sehen Sie sich um, und Sie werden diese Wahrheit sicher bestätigen. Weisheit ist die Energie, der wir zutrauen können, dass sie unser Leben zu seiner vollen Entfaltung führt. Ihre Energie hält uns wach und aufmerksam. Und Wachheit bewahrt uns vor Kummer.

Ich habe dieses Buch in der Hoffnung geschrieben, Sie für Stille und Innenschau begeistern zu können – für Meditation, denn Meditation schafft ein friedvolles geistiges Umfeld, in dem Transzendenz möglich wird. Ein Geist, der in einer so gefährlichen und egoistischen Welt wie dieser zu Frieden, Anstand und Schönheit neigt, kann uns schützen, gleicht unsere Schwachstellen aus und weckt unsere Kräfte. Meditation hält uns bewusst, dass wir ohne wache Aufmerksamkeit unserem rastlosen Geist, unseren überwältigenden Emotionen und unseren karmischen Tendenzen erliegen. Er fördert ein klares und intelligentes Denken, mit dem wir unser Leben auf eine höhere Stufe heben können, anstatt uns auf all das kopflose Tun einzulassen, in dem sich finstere karmische Kräfte manifestieren, die uns am Boden halten. Diese Energien kennen einfach unsere Schwächen sehr gut und wissen sie auszunutzen.

Weisheit ist die »Supermacht«. Sie sorgt dafür, dass wir uns nicht in Dummheiten verwickeln lassen. Sie gibt uns eine Warte, von der aus wir zwanghafte Gedanken einfach beobachten, anstatt uns von ihnen mitschleifen zu lassen. Sie bewahrt uns vor dem egoistischen Bestreben, andere auszunutzen oder uns vor unseren Pflichten zu drücken. Dieser meditative Geist hält eine Vision aufrecht, die Vision der Mobilisierung unserer gesamten Lebensenergie, damit wir so werden können, wie wir gemeint sind.

Das gute Leben ist ein spirituelles Leben, und den Weg dorthin kann man üben. Auf diesem Weg sind wir aufgerufen, umsichtig, diszipliniert und bewusst vorzugehen. Wir üben auf diesem Weg Achtsamkeit im Jetzt-Augenblick, und das ist eine Energie, die sich in allen Belangen unseres täglichen Lebens »um uns kümmert«. Sie lässt uns keine Ruhe, was unsere schlechten Angewohnheiten betrifft. So gibt es beispielsweise gegen Trägheit oder blinden Aktionismus kein besseres Mittel als Achtsamkeit. Meditationsübungen, die unseren Geist zur Konzentration erziehen und eine klare Ausrichtung in unser Leben bringen, machen uns außerdem Mut, eine gewisse Disziplin walten zu lassen. Wir erkennen, dass wir eine schützende Grenze brauchen, weil sie uns vor Dingen bewahrt, die wir doch nur bedauern würden. Es ist eine Grenze, die uns auch Zweifel und sorgenvolle Gedanken erspart. Sie lässt uns Abstand halten von Emotionen und negativen oder dummen Gedanken.

Unsere Entwicklung lässt uns auf ganz natürlichem Wege eine Beschäftigung finden, mit der wir auf uns gemäße und angemessene Weise unser Geld verdienen, und sie macht uns auch deutlich, wie mit diesem Geld so umgegangen werden kann, dass weder uns selbst noch anderen ein Schaden dadurch entsteht. Unser ganzes Leben bekommt Vorbildcharakter. Unsere Aufmerksamkeit im Augenblick gibt anderen den Anstoß, ebenfalls bewusster zu leben. Unser Leben und Handeln ist für uns selbst und für andere ein Segen. Was wir in der Schule und aus Büchern gelernt haben, verbindet sich mit unserer Meditationspraxis zu etwas, das unseren Charakter bildet und liebevolle, intelligente Menschen, wahre Menschen aus uns macht. So werden wir uns nie vorzuhalten haben, wir hätten die Chance vertan, wirklich aufzuwachen und unser Leben voll und ganz zu leben.

Aufmerksamkeit und Bewusstheit nach außen und innen, das ist die Haltung und Intelligenz, die uns überall begleiten muss. Wenn wir in unserem alltäglichen Tun ganz präsent bleiben können, wird es uns überall gelingen, wohin das Leben uns auch führt. Wahrhaftig, eine Menge steht hier auf dem Spiel.

Kontemplationen

Eine Herzensgüte-Meditation

Hieran erkennt man die Guten, die um den Weg des Friedens wissen:

Sie sind tüchtig und aufrecht, sie äußern sich geradeheraus, aber sanft, sie sind bescheiden und nicht selbstgefällig, genügsam und leicht zufriedenzustellen.

Sie sind nicht zu sehr mit Pflichten belastet und anspruchslos, friedfertig und ruhig, weise und geschickt, weder stolz noch fordernd.

Sie tun nichts, was die Weisen tadeln würden.

Freudig und bestimmt wünschen sie: »Mögen sich alle Wesen wohl befinden!« Sie lassen keines aus, sei es schwach oder stark, sei es groß und mächtig oder mittel oder klein, sichtbar oder unsichtbar, fremd oder uns bekannt, nah oder fern, geboren oder noch zu gebären: »Mögen sich alle Wesen wohl befinden!«

Sie täuschen ihresgleichen nicht, sie verachten kein einziges Lebewesen in keiner Welt.

Sie sind nicht nachtragend und lassen sich nicht durch Zorn verleiten, einem anderen Böses zu wünschen.

Wie eine Mutter ihr Kind, ihr einziges Kind, mit ihrem eigenen Leben schützt, so sind ihnen alle Lebewesen in ihrem grenzenlos weiten Herzen willkommen.

Sie strahlen Güte über die ganze Welt aus, aufwärts bis zu den Himmeln und abwärts in die Tiefen, überallhin in Überfülle, frei von Hass und Bosheit.

Ob sie stehen oder gehen, sitzen oder liegen, sie wahren die Stille ihres wachen Geistes.

Mögen alle nach Herzensgüte Strebenden stets daran denken, dass alles Handeln vom Geist geleitet ist. Der Geist ist der Herr und Meister. Sprich und handle aus Herzensgüte, und das Glück ist dir gewiss.

Betrachtungen über das Sein

Zu was werde ich?
Wohin bin ich unterwegs?
Sehe ich, wie schnell die Tage
und Nächte verfliegen?

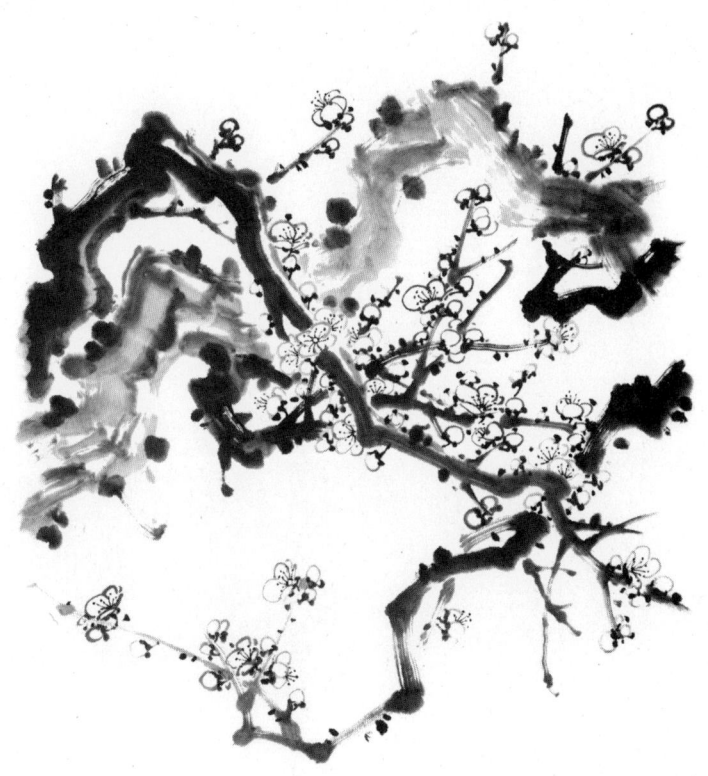

Möge ich immer zum Guten streben.
Möge mein Leben
zum Nicht-Schaden neigen.

Möge ich kein Übelwollen kennen.
Möge ich törichte Rede meiden.
Möge ich mein Leben auf gute,
aufrechte Weise tragen.
Möge ich meine Zeit gut nutzen.

Vergangenes blieb zurück.
Künftiges ist noch nicht angekommen.
Heute bin ich lebendig.
Morgen – wer weiß?
Vielleicht kommt der Tod,
denn der Tod ist gewiss,
das Leben unsicher.
Allein das Heute ist. Es gibt nur jetzt.

127

128

Alle Lebewesen möchten von
Leiden aller Art verschont sein.
Alle Lebewesen suchen Geborgenheit
und Glück. Auch ich möchte frei
von Leiden sein.

Alle, die mir lieb sind oder gut
zu mir waren, ob sie leben oder
nicht mehr leben, mögen sie
frei von Leiden sein.
Mögen sie glücklich sein und
keinen Schaden leiden.
Und mögen alle übrigen Wesen
ohne Zahl, sichtbar oder nicht,
frei von jeglichen Leiden und
allem Schaden sein.

Möge ich in Harmonie und
heiterer Gelassenheit leben.
Möge ich so für mich sorgen,
wie es richtig ist.
Möge ich das Gute,
zu dem ich mich erhoben habe,
nicht wieder verlieren.

Mögen alle Wesen in Harmonie
und heiterer Gelassenheit leben.
Mögen alle Wesen so für sich sorgen,
wie es richtig ist.
Mögen alle Wesen das Gute,
zu dem sie sich erhoben haben,
nicht wieder verlieren.

133

134

Mögen wir alle erkennen,
dass wir die Eigner unseres Handelns,
die Erben unseres Handelns,
mit unserem Handeln verbunden und
durch unser Handeln bedingt sind.
Alle Folgen unseres guten oder
schädlichen Handelns fallen auf uns
zurück oder kommen uns zugute.

136

Spirituelle Freundschaft – eine Affirmation

Ein spirituell gesinnter Mensch wird ein spiritueller Freund.

Ein wahrer spiritueller Freund ist stets um mein Wohlergehen besorgt und nimmt Anteil an meinen Kümmernissen und Freuden. Sie oder er ist aufrichtig und verständnisvoll. Er oder sie weist mir die Richtung zu dem, was nützlich und segensreich ist und ermahnt mich, nutzloses und verletzendes Verhalten zu unterlassen – die alten Gewohnheitsfehler, all die Spielarten des selbstschädigenden Tuns.

Spirituelle Freundschaft ist ein Segen in unserem Leben.

Da dem so ist, werde ich Licht in mein Leben bringen. Mein Leben soll für andere ein Segen sein.

Ich werde ein spiritueller Freund sein.

139

Über den Autor

Ajahn Sumano Bhikkhu stammt aus Chicago. Mit den wesentlichen Wahrheiten über unseren Geist wurde er auf die etwas schmerzhaftere Art vertraut. Was er an wahrer Einsicht gewann und in sein Leben zu integrieren vermochte, wurde ihm zu Füßen der großen Meditationsmeister des zwanzigsten Jahrhunderts zuteil und in zwölf Jahren intensiver, leidenschaftlicher Meditation in einer Höhle im nordöstlichen Thailand vertieft.

Sumanos Ordination zum Mönch liegt fünfundzwanzig Jahre zurück. Davor bereiste er die Welt und lebte in verschiedenen Yoga-, Meditations- und Sufi-Gemeinschaften. Noch davor hatte er ein normales amerikanisches Leben geführt: als Verwaltungsfachmann im universitären und militärischen Bereich sowie bei Regierungsstellen, als Unternehmer auf verschiedenen Gebieten, als Geschäftsmann, Forscher an der Stanford University und Weltreisender.

Mit neunundzwanzig zog er sich aus dem Berufsleben zurück und wandte sich vom Getriebe der Welt ab. Er verordnete sich ein Fitnessprogramm, stellte das Rauchen und den Alkoholkonsum ein und erlernte Yoga, Kampfkünste und Massage. Mehrere Jahre verbrachte er in den Bibliotheken der Stanford University, wo er ein Buch nach dem anderen verschlang, um seinen Hunger nach Verständnis dieses Menschseins zu stillen: Wozu sind wir hier? Weshalb leiden wir? Gibt es Karma?

Was gehört wirklich zu uns? Nachdem er viele Tausend Stunden lang den Ideen der großen Geister nachgespürt hatte – Philosophie, Psychologie, vergleichende Religionswissenschaft, Sprachwissenschaft –, wandte er sich auch davon ab, weil er sah, dass da nur Vorstellungen, Hypothesen und Glaubenssätze zu holen waren.

Er packte seinen Rucksack und machte sich auf eine eineinhalbjährige Weltreise, die ihm auch einen ersten Geschmack vom Orient und vom Buddhismus vermittelte. Zurück in den Vereinigten Staaten brachte er alles Unabgeschlossene zu Ende, verabschiedete sich von Freunden und Angehörigen und machte sich auf den Weg nach Indien. Womit er nicht gerechnet hatte: Bei einem Zwischenstopp in London lernte er einige Schüler eines berühmten buddhistischen Meditationsmeisters der thailändischen Wald-Tradition kennen. Dieser Meister, Phra Ajahn Chah Supatto (meist einfach Ajahn Chah genannt), war eben erst angekommen, um in England einen Klosterableger zu gründen. Dieser Zwischenstopp dauerte sieben Jahre. Sumano wurde selbst ein Waldmönch und reiste später nach Nordost-Thailand, wo er seine Hilfe zur Pflege Phra Ajahn Chahs anbot, der einen Gehirnschlag erlitten hatte.

Sumano lebt seit fünfzehn Jahren in seinem Höhlen-Heiligtum in der thailändischen Provinz Nakhon Ratchasima. Er leitet keine Retreats mehr und empfängt auch keine Gäste, ist jedoch über seine E-Mail-Adresse monksumano@yahoo.com sowie über seine Website www.next-life.com zu erreichen.